NO TECER DA VIDA

Pe. William Pires

NO TECER DA VIDA

PALAVRA & PRECE

Grafia atualizada segundo o Acordo Ortográfico da Língua Portuguesa.

Coordenação editorial	Júlio César Porfírio
Revisão	Equipe Palavra & Prece
Capa e diagramação	Sérgio Fernandes Comunicação Imagens: Shutterstock
Impressão	Mark Press Brasil
ISBN	978-85-7763-329-6

1ª edição | 2015

Dados Internacionais de Catalogação na Publicação (CIP)
(Câmara Brasileira do Livro, SP, Brasil)

Pires, William Luciano
No tecer da vida / William Luciano Pires. -- São Paulo : Palavra & Prece, 2015.

ISBN 978-85-7763-329-6

1. Conduta de vida 2. Deus 3. Espiritualidade 4. Fé 5. Reflexões I. Título.

15-02337 CDD-248.4

Índices para catálogo sistemático:
1. Conduta de vida : Mensagens : Reflexões : Vida cristã 248.4

PALAVRA & PRECE EDITORA LTDA.

Rua Dr. Zuquim, 1720 | 3º andar | Alto de Santana
CEP 02035-022 | São Paulo | SP | Brasil
Telefone: +55 (11) 2978.7253 | e-mail: editora@palavraeprece.com.br
site: www.palavraeprece.com.br

Ofereço este livro a cada coração amargurado e em busca da esperança que vem de Deus.

Apresentação

No mundo em que vivemos as pessoas estão cada vez mais sedentas de fé. O corre-corre, a própria rotina tem afastado o ser humano de Deus e não é à toa que a depressão tem sido considerada o “mal do século”.

Foi pensando em levar palavras de amor, fé e esperança a cada leitor que este livro foi preparado como um presente de pai para filho.

Que cada frase toque o seu coração e, a partir da leitura e reflexão destas páginas você possa tecer um amanhã de esperança e alegria.

O autor

O problema de descartar alguém
em nossa vida é que precisamos
de um lugar secreto e profundo
para guardá-lo por toda vida.

Só o amor torna o progresso inevitável.

A mansão dos solitários sempre
será cheia de amigos incoerentes.

Quando lhe chamarem de louco, não fique chateado... Continue fazendo o improvável se tornar possível, pois os normais não estão fazendo nada de lúcido para tornar a sociedade humana e justa.

Verdade não é um ponto,
e sim uma vírgula, que separa
a ignorância do esclarecimento
de todas as coisas.

"Então nada se foi... Porque, mesmo longe dos olhos, o coração fez questão de ser fiel no guardar."

A frieza é a forma mais calorosa que a mentira criou para valorizar a fuga da realidade.

"Agradeço a Deus por me ter feito tão dependente, pois os independentes estão morrendo por falta de amor."

A infantilidade é a democracia dos imaturos.

São duas coisas que definem um tolo:
a primeira é querer saber o que não se
precisa, e a outra é falar o que não se sabe.

A pessoa empobrece na medida em que enobrece seus defeitos e descarta seus valores.

Quem julga está sujeito a ser
queimado pelo sol da própria justiça.

A maior independência de um homem é ser dependente de Deus.

Pare de correr atrás da felicidade. Comece a construí-la, senão chegará à idade avançada sem ter tido a experiência de um construtor.

Quando não sei sobre o assunto me calo,
pois sei o peso da minha ignorância.

O tempo esconde as
marcas e as marcas
escondem o que o
tempo não pode contar.

O amor tem a forma de quem ama.

Não tenho medo de morrer; para isso que nascemos. Tenho medo de uma falsa vida, onde os vivos vivem como se estivessem mortos.

O sofrimento não nos tira a capacidade de amar, o que nos tira a capacidade de amar é amar sem ter o direito de sofrer.

Talvez eu não o conheça pela falta de tempo, mas é que suas palavras nunca disseram nada a meu respeito.

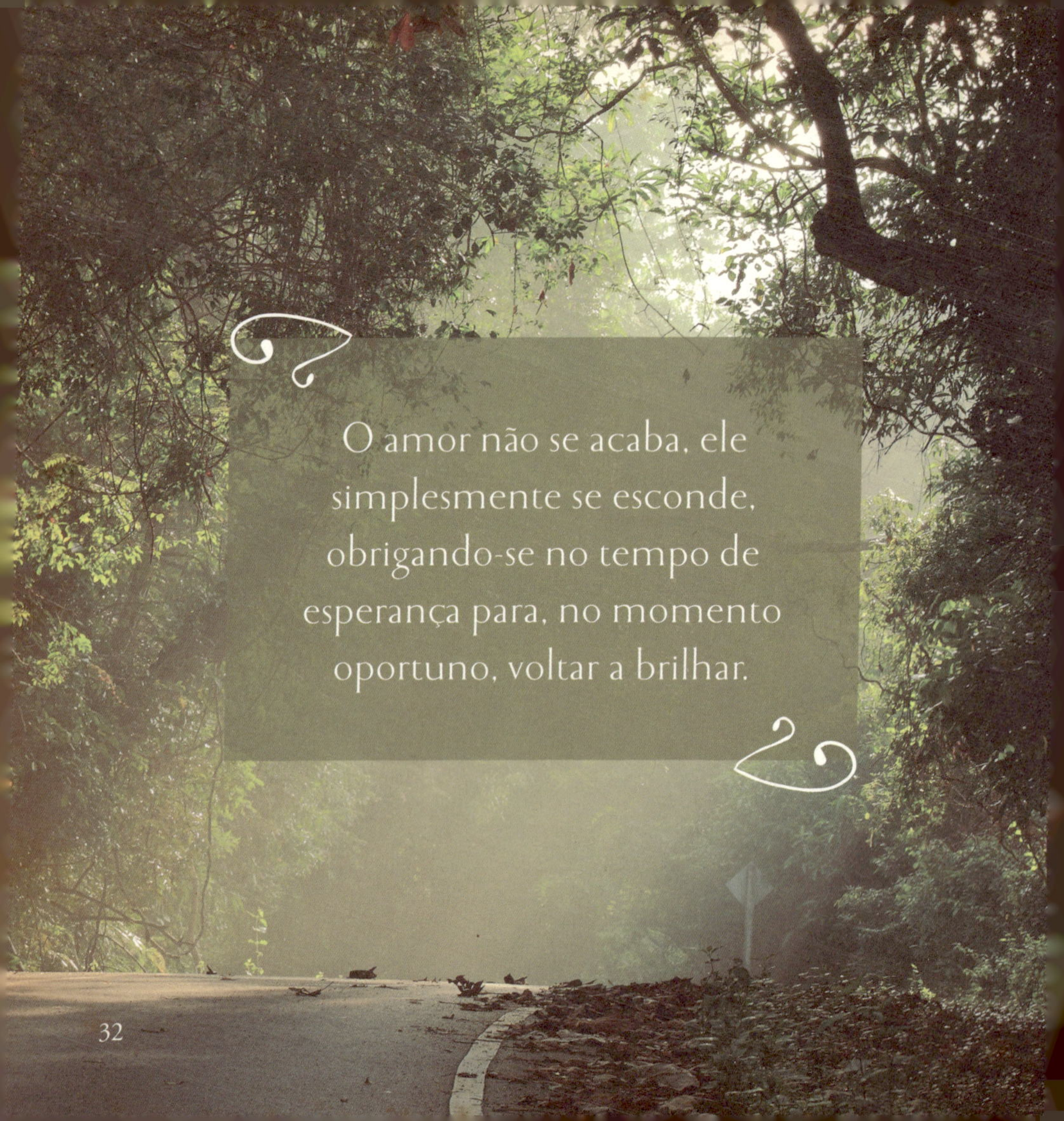

O amor não se acaba, ele simplesmente se esconde, obrigando-se no tempo de esperança para, no momento oportuno, voltar a brilhar.

Hipocrisia não mata, mas aleija a alma, impossibilitando-a de amar.

Chega uma hora em que se faz necessário perder o que não se tem para voltar às realidades efetivas que a ilusão nos roubou.

Um dia de glória é a somatória de mil dias de luta.

Perdão não é uma falha neurológica que causa esquecimento dos fatos; perdão refaz os fatos através de Cristo, que nos devolve a lucidez que o ódio nos tirou.

Está chorando por um fracasso?
Deveria chorar pelas vitórias desastrosas
comemoradas ao longo da vida
que não lhe fizeram diferença alguma.

Os interesseiros não têm saudade,
eles têm necessidades.

Não se pode ser amigo de quem não aprendeu a ser amigo de si; caso contrário, carregará dois pesos no mesmo corpo por toda vida.

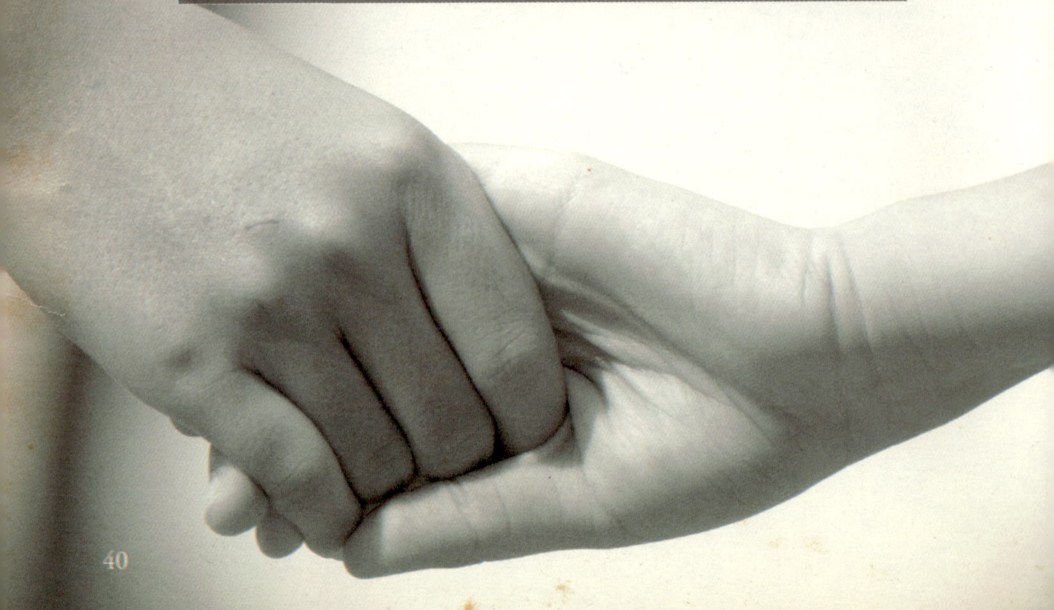

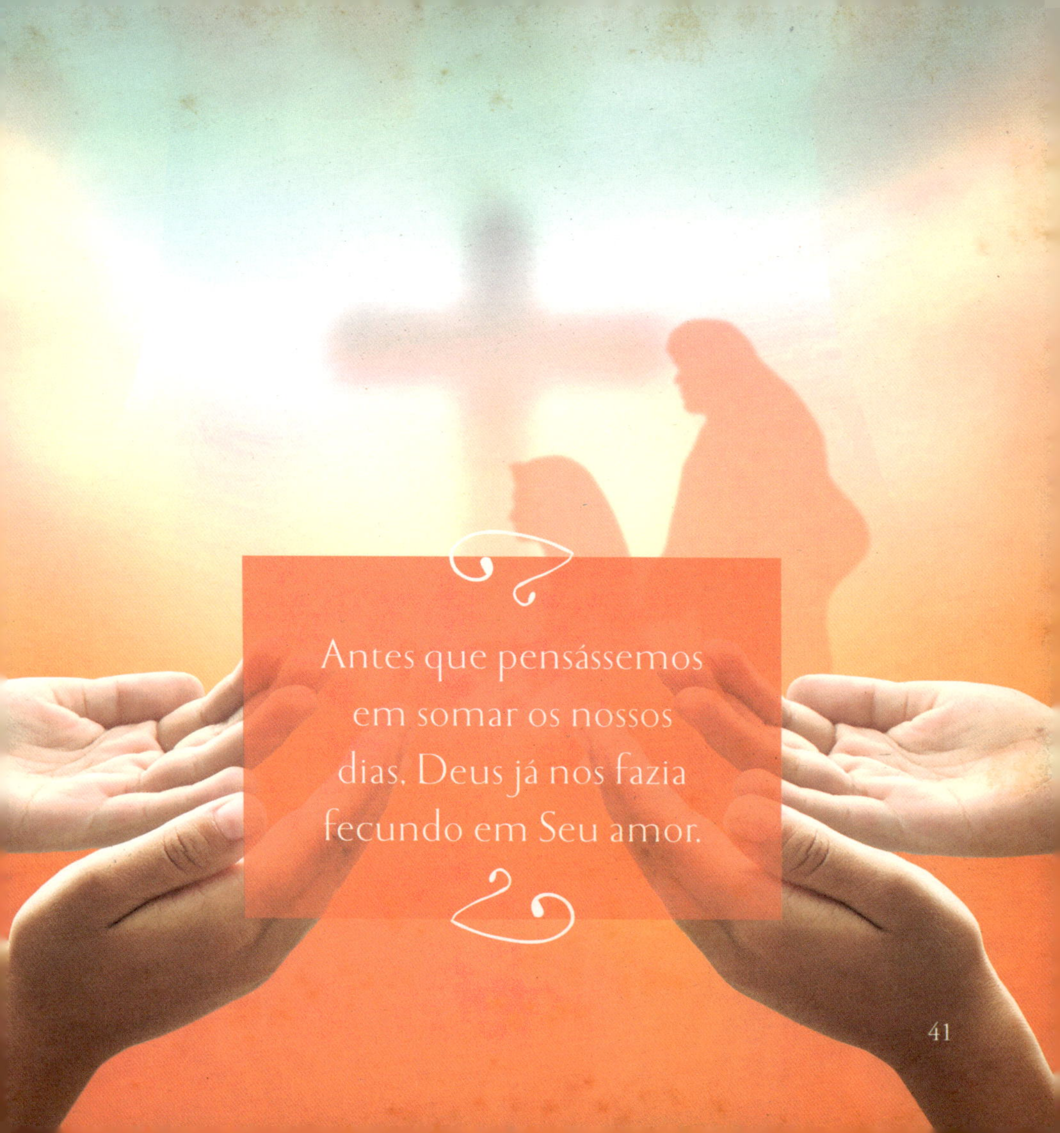

Antes que pensássemos em somar os nossos dias, Deus já nos fazia fecundo em Seu amor.

Normalmente as pessoas mesquinhas morrem pelas próprias mãos, enriquecidas de bens e empobrecidas de amor.

Homens que não voltam atrás sempre perecerão em terras estrangeiras e em corações desconhecidos.

O princípio do fracasso é dever o que não se sabe e saber o que não se deve.

Escreva para o autor:
williamlucianopires@yahoo.com.br

Informações sobre a Palavra & Prece Editora

Mantenha-se informado sobre os títulos e autores da
PALAVRA & PRECE EDITORA.
Acompanhe nossos lançamentos, novidades,
momentos de autógrafo e promoções.
Visite o nosso site e curta nossas redes sociais.

www.palavraeprece.com.br

facebook.com/palavraeprece

Você ainda pode receber informações por e-mail.
Cadastre-se diretamente em nosso
site ou envie uma mensagem para
editora@palavraeprece.com.br
